LE

DROIT MUSULMAN

ET

SON APPLICATION

PAR LES

AUTORITÉS CHRÉTIENNES

*Conférence faite à la Société des Etudes Coloniales et Maritimes
le 28 Janvier 1892*

Par Son Exc. SAVVAS PACHA

Ancien Ministre des Affaires Étrangères de l'Empire Ottoman

A LA SOCIÉTÉ

DES ÉTUDES COLONIALES ET MARITIMES

PARIS

Au Siège de la Société : 18, rue Daunou

LE
DROIT MUSULMAN

ET

SON APPLICATION

PAR LES

AUTORITÉS CHRÉTIENNES

Conférence faite à la Société des Études Coloniales et Maritimes
le 28 Janvier 1892

Par Son Exc. SAVVAS PACHA

Ancien Ministre des Affaires Étrangères de l'Empire Ottoman

A LA SOCIÉTÉ

DES ÉTUDES COLONIALES ET MARITIMES

PARIS

AU SIÈGE DE LA SOCIÉTÉ : 18, RUE DAUNOU

LE DROIT MUSULMAN

Et son application par les autorités chrétiennes

CONFÉRENCE FAITE A LA SOCIÉTÉ DES ÉTUDES COLONIALES ET MARITIMES

LE 28 JANVIER 1892

par Son Exc. SAVVAS PACHA

Ancien Ministre des Affaires Étrangères de l'Empire ottoman.

Messieurs,

Un sentiment de fausse honte ne m'empêchera pas d'avouer que, malgré les neiges qui couvrent ma tête, je me sens fort intimidé au moment de prendre la parole devant vous, dans la langue de Paul-Louis Courier. Ma sainte mère, qui savait votre langue comme une française, me l'a enseignée dans mon enfance. A l'âge de huit ans, je la parlais plus facilement qu'aujourd'hui. Depuis lors je l'étudie sans cesse; mais on ne peut jamais dire qu'on sait le français. Cette langue si difficile à cause de ses charmes mêmes, de ses perfections, de son incomparable clarté, est la première des langues vivantes. Nous autres Orientaux, nous l'aimons autant que nos propres langues, et, si nous ne parvenons pas à la manier aussi aisément, nous l'employons du moins aussi volontiers que celles que nous avons apprises au berceau.

****

Le sujet, sur lequel vous m'avez fait l'honneur de m'admettre à parler dans cette assemblée, est déterminé d'une manière précise. Je crois cependant utile, nécessaire même, de rattacher l'examen de l'homme musulman, et du système par lequel on peut le gouverner sans difficulté, à certaines vérités d'un ordre supérieur, à des considérations sur l'homme même : elles sont toutes tirées de la science française.

Je m'attarderai donc un peu sur le chemin, mais j'espère que vous vous montrerez indulgents. J'aurais été, aux yeux de ma conscience, coupable d'ingratitude, si, ayant l'honneur d'adresser la parole pour la première fois à une réunion française si choisie, je n'en profitais pour rendre hommage aux lumières de votre patrie et à la mémoire de ses illustres savants, dont les études ont eu une si grande action sur le progrès du monde.

Depuis un certain temps, on s'efforce de faire accroire à mes jeunes compatriotes que les Muses ont déserté le sol de la Gaule et que la science française est en décadence. J'ai toujours combattu cette erreur aussi intentionnelle que funeste. Je veux élever une fois de plus la voix contre toute insinuation de cette nature.

Fatuité de vieillard, Messieurs, j'ai la présomption de croire que ma parole est écoutée dans mon pays et que mes compatriotes n'ont pas cessé de m'accorder toute leur confiance.

La science française n'a rien à envier à celle des autres nations. Toutes les branches du savoir humain sont cultivées en France, et l'on peut dire que tous les travaux récents, qui ne sont pas les produits directs du génie français, se réclament plus ou moins cependant des études françaises.

La cellule est la fille de l'histologie française ; la microbiologie est issue des travaux dont les parasitaires ont été l'objet en France au commencement de ce siècle ; et j'ajoute, pour sortir de cet ordre de connaissances, que les inventions surprenantes, qui de nos jours ont changé la face du globe, dérivent toutes des recherches qui, il y a deux cents ans, conduisirent un Français, un savant modeste, à deviner la puissance de la vapeur. Dans toutes les parties de la science, les savants français sont pour l'humanité contemporaine ce que les Grecs ont été pour l'antiquité. Il y a plus : toute grande découverte dont le premier germe n'est pas français doit sa genèse à l'antiquité grecque. L'homme de science, à la mort duquel la Constituante prenait le deuil pour trois mois, l'illustre Franklin, était l'élève d'un Grec, de Thalès de Milet.

Mais, revenons à l'homme social.

Dans l'antiquité, Hippocrate, Platon, Aristote, de nos jours un illustre français qui vient de nous quitter, M. de Quatrefages, ont admirablement étudié l'homme et les facultés de son esprit, auxquelles sont dus la formation et le progrès de toute société. Deux de vos éminents compatriotes, MM. Pasteur et Levasseur, ont résumé, en quelques mots, sur la tombe de feu M. de Quatrefages, la science anthropologique grecque et française. Le premier a dit : « D'après Quatrefages l'homme a des facultés morales et religieuses qui le distinguent nettement de l'animal et le soumettent à des lois supérieures ». Le second a ajouté que « Quatrefages s'appliquait à mettre en lumière les rapports qui existent entre la nature et l'homme, entre le sol et le climat d'une contrée et le caractère de la civilisation de ses habitants ». C'est là, Messieurs, le complément, la codification pour ainsi dire, de la théorie anthropologique d'Hippocrate. Ce grand aîné du naturaliste cévénol faisait connaître, il y a vingt-deux siècles, l'action des *lieux*, des *eaux* et des *airs* sur l'homme.

Que de points de contact, Messieurs, entre la science grecque et la science française ! C'est encore un grec moderne, le régénérateur des lettres grecques, Adamantius Coraïs, né à Chio, le grand écrivain que la France nous fit l'insigne honneur d'adopter, qui traduisit le premier, en français, dans les premières années de notre siècle, l'ouvrage philosophique par excellence d'Hippocrate. Les travaux de Coraïs ont été couronnés par la première République française.

De tout temps, Messieurs, la France a été le seul pays où l'étranger ait trouvé une patrie. Elle traite les étrangers comme ses enfants, elle les honore, elle les récompense, même pour les services qu'ils rendent à leur propre pays.

**

Abordons maintenant notre sujet.

Dans l'examen que je vais essayer de faire de l'homme musulman et des institutions qu'il a fondées, je ferai de mon mieux pour ne point m'écarter des principes anthropologiques posés par Hippocrate et développés par Quatrefages. Les lois dont j'ai à vous entretenir sont, comme celles de toutes les sociétés humaines, les manifestations sociales des facultés morales et religieuses de l'homme. Il s'agit dans l'espèce, de l'homme sémite, soumis à l'action des *lieux*, des *eaux* et des *airs* des contrées où l'Islamisme a fait son apparition, et de celles sur lesquelles il a étendu, dès le commencement de son existence, sa domination politique et spirituelle, l'Arabie, la Syrie et le nord de l'Afrique.

Le droit musulman fait partie intégrante de la religion mahométane. Il rentre dans la catégorie des connaissances révélées.

Les applications de la science du droit aux actions de l'homme peuvent être divisées en deux branches, suivant qu'elles visent la famille ou la société. Je me propose de vous exposer, avec quelque détail, ce que les institutions propres à chacun de ces deux ordres présentent, à mon avis, de particulièrement intéres-sant dans le monde islamique. Il en résultera, je l'espère, un aperçu clair de l'organisation du corps social de l'Islam, une image fidèle des consciences façonnées par la loi de Mahomet.

Avant de commencer cet exposé, il est indispensable pourtant que je vous fasse connaître comment l'Islamisme doit être étudié, afin que l'examen de l'action de ses enseignements sur l'intellect humain puisse conduire à des appréciations justes sur la constitution sociale des peuples qui les ont suivis. Il faut éviter soi-gneusement ici les écueils contre lesquels on se heurte, toutes les fois qn'on fait d'un événement aussi considérable que l'est la naissance d'une religion quel-conque, un accessoire de doctrines, un accident dans un système philosophique.

Deux de nos contemporains, également éminents comme historiens et comme philosophes, ont étudié presque en même temps l'Islamisme. L'un est le grand jurisconsulte belge, Félix Laurent, qui vient de mourir. Dans sa monumentale *Histoire de l'humanité*, il exalte l'Islamisme. L'autre est un illustre français, M. Renan. Souhaitons-lui de longs jours pour la gloire de son pays ! A la diffe-rence de Laurent, il déprécie l'Islamisme.

Je le dis tout de suite. Ces deux écrivains n'étaient libres ni l'un ni l'autre dans leurs jugements. Ils ne pouvaient l'être. L'Islamisme forme dans le système philosophique de chacun d'eux un accident. Laurent est le chef de l'école dite de l'immanence. Selon lui, Dieu est immanent dans l'histoire ; tout évènement histo-rique résulte de l'action permanente de la divinité sur la société humaine. Cette action produit, comme de raison, des effets toujours meilleurs et de plus en plus parfaits. L'Islamisme est donc forcément un progrès. Laurent dut le déclarer pour rester d'accord avec les principes fondamentaux de l'école qu'il a créée. Il s'en suit que son appréciation avantageuse de l'Islamisme n'est pas le résultat d'un jugement libre et ne saurait avoir, en science, la valeur que donne à toute opinion la parfaite liberté d'esprit de celui qui la professe.

Le jugement du savant français n'est pas non plus libre d'entraves. M. Renan considère la race comme le facteur essentiel de l'histoire, la source de l'activité qui dirige l'espèce humaine dans sa marche. Il est lui aussi chef d'école. Dans son système, la race arienne seule a produit sur la terre des effets originaux, des œuvres d'une supériorité et d'une perfection incontestables. La race sémitique ne saurait présenter à l'histoire que des productions de seconde main, des copies pâles et inférieures, une doctrine stérile et cacophone, se résumant dans cette phrase éternelle et totologique « Dieu est Dieu ». Vous le voyez, Messieurs, les peuples

sémitiques et leurs créations sociologiques sont condamnés d'avance dans le système de l'éminent philosophe.

Pour étudier avec impartialité un évènement historique, il faut d'abord se
dégager de tout système, de toute doctrine, de tout ordre d'idées préconçu. Deux
Français nos contemporains ont su rester libres et impartiaux dans leurs appréciations de l'Islamisme. L'un est M. Barthélemy Saint-Hilaire, l'homme d'Etat de
haute valeur, le savant éminent que je vénère pour l'élévation et la sûreté de ses
jugements autant que pour ses connaissances si profondes, si variées. L'autre est
un de mes meilleurs amis, M. Charles Mismer, écrivain estimé, esprit droit, juste,
indépendant, ami courageux du vrai. Le premier a écrit *Mahomet et le Coran*;
le second, les *Soirées de Constantinople*. Dans ces deux ouvrages, l'esprit de
l'Islam est expliqué, toutes les parties de la doctrine mahométane sont présentées
avec clarté, avec une force de démonstration résultant des faits eux-mêmes profondément étudiés. Quant à moi, dans le livre que je viens de publier et à
l'occasion duquel on m'a demandé de prendre la parole dans cette réunion, (1)
je n'ai examiné que le droit issu de l'enseignement musulman.

⁂

La création du droit islamique a eu pour effet la réorganisation de la famille et
de la société arabe.

Caussin de Perceval fait connaître, dans son immortel ouvrage, ce que les Arabes
étaient avant Mahomet. La famille n'existait pour ainsi dire pas; ils vivaient comme à
l'état de troupeau. La polygamie était illimitée; la femme, considérée comme une
chose. L'homme prenait autant de femmes qu'il en voulait: il les renvoyait, il les re-
prenait, sans qu'aucune loi limitât cet avilissant abus de la plus fondamentale des
institutions humaines, le mariage. S'il est vrai que la femme modifie et forme l'homme
en agissant sur son caractère, comme mère d'abord, comme épouse ensuite; s'il est
vrai que son influence corrige les tempéraments et adoucisse les mœurs, la dé-
gradation sociale et l'excès de dépravation que le Prophète de l'Islam eût à com-
battre parmi les Arabes devaient être extrêmes. La femme, avant Mahomet, n'était
ni épouse, ni héritière, ni fille. Oui, Messieurs, *ni fille*, car souvent le père mettait
à mort sa fille pour n'avoir pas à la nourrir.

Mahomet commença sa mission prophétique par la réforme de la famille. Ses
premiers efforts tendirent à relever la femme. Menacé de mort dans sa ville natale,
il dut s'entendre avec les habitants d'une autre ville du Hedjaz, Medine, pour se
ménager un refuge auprès d'eux. Le pacte fut conclu entre l'envoyé de Dieu et la
députation médinoise sur une montagne voisine de La Mecque, le mont Aqaba.
Tout obligé qu'il était de s'accorder avec les plénipotentiaires de la ville qui lui
offrait asile, Mahomet refusa de transiger sur deux points. Il fit admettre : 1º qu'on
cesserait d'exterminer la progéniture femelle; 2º qu'on ne commettrait plus
l'acte qu'il considérait également comme un crime atroce, et qui consistait à
flétrir l'honneur de la femme par des insultes infamantes (*gazf*). Ces flétrissures
étaient le prétexte le plus usité, le moyen habituel par lequel on effectuait les
répudiations polygamiques arbitraires, si fréquentes et si monstrueuses.

(1) *Étude sur la théorie du droit musulman*, par SAVVAS PACHA, ancien gouverneur et
ancien gouverneur général, ancien ministre des Travaux publics et des Affaires étrangères de
Turquie; première partie. Paris, Marchal et Billard, 1892, 1 vol. in-18.

Plus tard Mahomet a déclaré la fille *héritière*. Il a accordé à la femme légitime des droits sur la fortune de son mari. Il a limité la polygamie autant que la chose pouvait se faire de son temps en Arabie. Contrairement à une erreur assez répandue, la polygamie n'est point une création mahométane; elle a été seulement tolérée. Le prophète s'est efforcé de la restreindre. La monogamie a été explicitement recommandée. Le divorce, quoique permis, a été déclaré contraire à la volonté de Dieu: « Parmi les actions permises, dit Mahomet, celle qui attire le « plus le courroux de Dieu est le divorce » Le respect des mères a été commandé par la parole même de Dieu. « Le paradis est aux pieds des mères », dit le Coran. De même l'amour conjugal a été prêché de la façon la plus solennelle. Mahomet, prévoyant sa fin, voulut prendre part une dernière fois au pélerinage. Entouré de plus de cent mille hommes sur le mont Arafat, il prononça les paroles suivantes : « O hommes traitez bien les femmes; elles sont vos aides, vous les avez prises « comme un bien que Dieu vous a confié, et vous avez pris possession d'elles par « ses paroles divines. »

Le mariage forme dans l'Islamisme un contrat. L'homme fait la *demande*, la femme prononce l'*acceptation*. La femme sait que le mari peut la répudier. Elle fait en conséquence ses conditions et stipule d'avance l'indemnité qui lui sera due par le mari, en cas de rupture du lien matrimonial. Le sort des enfants est reglé de même avec la plus grande précision par la loi. Le respect des parents est prescrit par l'un des commandements les plus formels de l'Islamisme: « Ne donnez jamais motif à la moindre plainte de vos « géniteurs. » Les parents, de leur côté, doivent aimer leurs enfants et les élever avec la plus grande sollicitude. Ils ne peuvent les deshériter. Ils sont tenus de suivre dans leurs dispositions testamentaires les prescriptions de la loi, qui ne leur permette de disposer par testament, même en faveur des institutions de bienfaisance, les mosquées non exceptées, que du tiers de leur fortune.

En ce qui concerne la constitution de la famille et le statut personnel en général, Mahomet avait créé des institutions tellement appropriées à l'intellect et au tempérament des habitants de l'Arabie, qu'une société aussi dissolue que celle du Hedjaz se trouva moralisée dans l'espace de dix ans.

Le Prophète de l'Islam a été néanmoins accusé de deux erreurs : 1º de ne pas avoir interdit absolument la polygamie : 2º de ne pas avoir prêché d'exemple en ce qui concerne le respect du mariage. Les défenseurs occidentaux de Mahomet, même M. Barthélemy-Saint-Hilaire, n'ont pas jugé facile d'entreprendre à ces deux points de vue sa justification. La chose est cependant bien simple. Il faut, d'un côté, prendre en considération le tempérament ardent des Arabes, l'action du climat sur l'homme et sur la femme, le peu de résistance organique de la plus belle moitié de notre espèce, dans un pays où la compagne de l'homme est vieille à peine sortie de la puberté ; de l'autre, la chronicité plusieurs fois séculaire du mal que l'on se figure à tort que Mahomet eût pu aisément extirper. Je considère la polygamie comme une plaie de l'humanité ; mais toutes mes études sur ce sujet me portent à admettre que sa guérison immédiate et radicale était impossible à cette époque.

Mahomet a épousé plusieurs femmes. C'est là le seul défaut qu'on a pu reprocher à cette belle et prodigieuse figure. Mais on doit se souvenir que le Prophète de l'Islam a pourtant traversé la plus belle période de la vie humaine avec une seule femme, Hatidjé. Il a vécu avec elle vingt-quatre années entières, dans un pays où régnait la polygamie la plus effrénée, non seulement sans donner une rivale à sa compagne, mais sans qu'elle eût jamais le moindre motif de soupçonner sa fidélité.

Les femmes qu'il épousa après la mort de Hatidjé étaient les filles ou les sœurs des grands chefs qui l'avaient soutenu au prix des plus grands sacrifices, ou les héritières des princes des contrées arabes qu'il annexa par les armes à l'Empire islamique. C'étaient là des mariages politiques. Tels sont les faïts : les noms sont connus, et les parentés établies avec la dernière précision. Dieu a fait connaître du reste, que les mariages de son élu ne formaient point précédent, et que les musulmans ne pouvaient suivre l'exemple de leur chef. C'est, dans l'Islamisme, la seule action du Prophète que les fidèles n'ont pas le droit d'imiter: le Coran est explicite sur ce point. La famille a donc été constituée aussi fortement qu'il était possible de le faire à cette époque. Passons maintenant à la société.

L'organisation de la société musulmane est très simple. Un chef revêtu du pouvoir suprême, législatif et judiciaire, exécutif et sacerdotal, assisté d'un conseil de sages, ses compagnons, occupe le sommet de l'édifice social et dirige l'empire. Le droit est un, le code est unique, car la vérité islamique est une. La justice, l'administration, les finances, l'agriculture, le commerce, les travaux publics, la sécurité publique, intérieure et extérieure, en un mot la paix et la guerre, sont réglementés par le même code, dont toutes les parties sont également assises sur la vérité révélée.

Deux mots d'abord de la justice. Lorsque le juge est saisi d'une affaire, il procède suivant la vérité révélée à l'examen des faits, en se conformant à une formule délivrée aux ayant recours par le préteur. Le préteur est un jurisconsulte de première force, capable de guider le juge et d'élargir la loi dans ses applications, sans jamais se départir de la vérité émanant de Dieu. Il emploie des procédés d'exégèse islamiquement corrects. Grâce à ces travaux d'exégèse législative, les vérités contenues dans la paroie de Dieu (*Coran*), ou fournies par la conduite du Prophète (*Sounnet*), trouvent leur application et suffisent à qualifier juridiquement toutes les *actions* et *transactions* humaines.

Il est évident que, du vivant du Prophète, la loi s'étendait d'elle-même, soit par les communications de la volonté de Dieu, soit par les décisions inspirées de son élu. Ce n'est donc qu'après la mort de Mahomet que les travaux d'exégèse législative dûs à l'action du préteur ont commencé.

L'histoire de l'évolution entière du droit musulman est racontée, avec pièces à l'appui, dans le premier chapitre du volume que je viens d'offrir au public. La partie théorique, c'est-à-dire la raison de chacune des divisions de ce droit et des dispositions qui les composent, sont expliquées dans le second. Les institutions législatives de l'Islam sont examinées dans ce travail et présentées avec toute l'impartialité dont mon esprit a été capable.

L'organisation administrative de la société islamique fait partie, comme la justice, du code universel mahométan. Je tacherai de vous en instruire en quelques mots.

Tout mulsuman, du plus grand au plus petit, doit travailler et apporter à la communauté des fidèles son contingent d'efforts. Dieu a dit : « L'homme ne vaut que par ses efforts ». Le musulman doit donc exercer une profession libérale, être commerçant ou industriel, appartenir à l'une des corporations pratiquant un métier, ou enfin gagner sa vie comme homme de peine. Dans ces diffrentes situations sociales, il peut être savant et jurisconsulte; il est obligé d'être soldat, toujours prêt à marcher contre l'ennemi à l'appel du Khalife. La science et la guerre incombent également à toutes les classes de la société islamique. Ali, le grand guerrier de l'Islam, le gendre du Prophète, est le premier des grammairiens arabes. Djoubaï, le célèbre jurisconsulte dissident, était tailleur. L'iman Azenn lui-même, était le plus grand négociant de son temps. Tout musulman est, je le répète, soldat, et s'exerce toujours au maniement des armes.

Deux seules conditions sociales font exception à cette règle, celle de l'étudiant dans tous les cas, et celle du jurisconsulte dans certains cas seulement. L'étudiant est dispensé de la guerre sainte pendant toute la durée de ses études. Le jurisconsulte, lui, suit les armées, il les commande même; mais il est relevé de ses obligations militaires lorsque ses fonctions de juge ou de préteur ne lui permettent pas de laisser son siège vacant. Le jurisconsulte mulsuman est un savant universel. Il connaît l'art de la guerre à fond. Toutes les fois qu'il accompgne une armée, qu'elle soit commandée par un autre savant, — tout guerrier marquant doit être savant, — ou par le Chef des croyants en personne, il doie obéir aveuglement au commandant et s'exposer au danger sur le champ de bataille comme le dernier des soldats; mais dans le conseil il a le droit d'être écouté. Il est autorisé en outre à offrir ses avis au chef de l'armée, sans qu'ils lui soient demandés. Il est le *compagnon* du commandant. L'instruction en effet forme la principale distinction dans la société islamique. « Cherchez la science, même si vous devez aller à sa recherche jusqu'en Chine », a dit Mahomet.

La fortune privée, les richesses des particuliers, doivent être respectées et protégées ; mais l'Etat prélève sur le riche, outre la dîme, c'est-à-dire la dixième partie du revenu de la terre que tout mulsuman doit payer, la *redevance de l'aumône*. Cet impôt ne pèse que sur le riche. Son produit est destiné à secourir le pauvre méritant. Il ne frappe que la richesse mobilière. Vous cromprenez, Messieurs, qu'un pareil système exclut la possibilité du prolétariat et fait naître la concorde la plus parfaite, la sécurité la plus absolue dans la société.

Le sujet non musulman et monothéiste de l'Empire islamique paye une dîmt augmentée. Il paye, à la place de la redevance de l'aumône, l'impôt de la *capitation*. En principe, le sujet non musulman de l'Empire mahométan ne doit pas être privé des droits politiques ni exclu du gouvernement. Le Prophète a utilisé des non musulmans dans l'administration. Il leur fournissait des émoluments sur le Trésor public. Il les appelait *conciliateurs des cœurs (moucléfei qoulub)*, parce qu'ils faisaient naître par leur conduite d'hommes publics l'harmonie et la concorde entre ses sujets musulmans et non mulsumans.

Les revenus de l'Etat étaient administrés par la « Gérance de la maison des biens de l'Islam » (*Beit-ul-mali-mouslimin*). Ils servaient aux besoins normaux du pays et aux frais extraordinaires que la guerre occasionnait.

Tels sont, Messieurs, les principaux traits de l'organisation sociale musulmane Toute la Constitution mahométane est basée sur la science. La science est dans l'Islamisme un don du ciel, transmis aux hommes par révélation et compris dans la religion.

Dix années séparent l'Hégire de la mort de Mahomet. Le premier successeur du Prophète, Ebou-Bekr, régna deux ans. Le second, Omar, est resté dix ans à la tête de l'Islamisme. Dans l'espace de ces vingt-deux années, un empire plus vaste que celui d'Auguste a été fondé. Depuis lors cinq siècles de civilisation, dont chacun peut rivaliser, eu égard aux temps et aux milieux, avec celui de Périclès, se sont produits sous l'action du régime musulman. Est-il possible d'attribuer ces résultats au fanatisme et à la force brutale ? Un pareil jugement ne serait, à mon avis, ni juste ni sérieux. Ceci dit, j'aborde le fond même de cette contérence.

*
* *

J'ai à vous entretenir, Messieurs, d'une question qui intéresse au plus haut point certaines nations de l'Europe occidentale et tout particulièrement la France. De nos jours les mahométans se trouvent répartis sur les trois continents qui forment le vieux monde, et dans plusieurs des pays qu'ils habitent ils sont gouvernés par les chrétiens. Il est, dit-on, des localités où le musulman se montre peu conciliant à l'égard de l'autorité chrétienne. Il oppose à l'action gouvernementale une résistance d'autant plus tenace qu'elle est passive. Quelle est la cause de cette situation et quels sont les moyens propres à la modifier ? J'ai traité cette question dans mon livre ; je la développerai davantage dans un second volume. Je suis heureux néanmoins de pouvoir faire connaître ma pensée dès aujourd'hui sur un sujet si grave, si palpitant d'actualité.

Ne blâmons pas le musulman de sa résistance à nos conceptions politiques, administratives, juridiques, de chrétiens ou de libre-penseurs, et surtout ne considérons point cette résistance comme invincible. Le mal n'est pas incurable, tant s'en faut. Etudions-le, précisons-en la nature, nous lui opposerons ensuite des moyens d'autant plus efficaces qu'ils seront mieux appropriés au tempérament intellectuel du musulman, à la conscience islamique.

Il fut un temps où les adeptes de Bacon, le célèbre théoricien d'Outre-Manche, jetaient la pierre à Aristote pour avoir dit que « le fils de l'esclave naissait esclave ». Cet esprit surprenant, ce maître éternel de l'humanité, connaissait il y a vingt-deux siècles les effets de l'atavisme. La résistance du musulman, au régime européen, à ses lois et règlements, est un pur effet de l'atavisme engendré par les convictions religieuses. Depuis treize siècles, le musulman transmet à son fils les convictions qui lui viennent de son père, convictions auxquelles il s'est tenu toute sa vie avec une foi inébranlable ; elles ont dominé son sensorium et modifié la manière d'être des innombrables piles électriques qui forment sa pulpe cérébrale. Ce travail de l'hérédité se continue dans chaque génération. Il commence au berceau et finit à la tombe. Les vérités religieuses se gravent ainsi profondément dans les consciences.

Ces vérités comprennent toutes les autres. Je l'ai déjà dit plusieurs fois, Messieurs, tout est religieux dans l'Islam, car tout est révélé. Cet état plus que psychique, matériel en quelque sorte, du sensorium de l'homme mahométan, mérite notre attention la plus sympathique. Elle ne doit pas nous irriter et moins encore nous décourager. Le médecin s'irrite-t-il contre son client, parce que celui-ci présente les effets d'une diathèse héréditaire ? Le condamne-t il avant d'avoir employé tous les moyens que l'art prescrit contre cet état chronique, très intéressant pour tout médecin philosophe ? Non. J'ai dit que la situation dont il s'agit n'était point un mal incurable. J'en ai fait personnellement l'expérience sur une vaste échelle, et je proclame l'absolue liberté de la conscience musulmane. Ce que nous devons chercher, ce sont donc tout simplement des moyens curatifs plus ou moins convenables.

Les moyens à employer pour modifier les conditions de la conscience des musulmans gouvernés par les chrétiens, pour être efficaces, doivent être rationnels. On a essayé jusqu'ici de convaincre des hommes auxquels on parlait une langue qu'ils ne pouvaient entendre. Employons la langue qu'ils comprennent, et leur résistance prendra fin. La langue que nous leur avons parlée jusqu'ici est celle de notre droit moderne, droit issu de la raison humaine. La langue que nous devons leur parler est celle du droit musulman issu de la révélation. Faisons-nous apprécier et aimer en parlant cette langue, la langue sacrée du droit mahométan. Le reste ira de soi.

Je ne connais pas suffisamment la constitution de votre empire africain. Je m'abstiendrai donc d'en parler. Mais j'ai l'expérience des sociétes mixtes et je crois savoir quelles sont les exigences raisonnables et légitimes des éléments religieux d'un pays où le gouvernement s'exerce par des autorités professant une autre religion. Je vais vous soumettre une série d'indications générales sur la manière de réconcilier, dans n'importe quel pays, le sujet musulman avec le gouvernant chrétien. J'estime que ces indications doivent être suivies avant toutes autres. Il y a là des mesures indispensables, fondamentales à prendre. Leur réalisation graduelle et progressive peut seule résoudre les difficultés dont vous vous préoccupez, avec raison, à un si haut point.

Je résume mon système en cinq propositions.

1° Le statut personnel du musulman ne doit, en aucun cas, être régi par les lois chrétiennes. Vous vous en convaincrez sans peine, pour peu que vous songiez à la situation que créerait à une société chrétienne, l'application des lois qui régissent le statut personnel des mahométans. Il s'en suit que toutes les quest'ons relatives au statut personnel des musulmans, la naissance, le mariage, le divorce, la mort, doivent être déclarées de la compétence exclusive des tribunaux religieux musulmans. Les questions concernant les successions et la majorité doivent également être considérées comme relevant de la juridiction islamique spéciale, sauf les cas où, soit les intérêts de la société, c'est-à-dire l'ordre public, soit les intérêts de particuliers non musulmans exigent l'intervention d'un tribunal européen. Dans ces cas spéciaux, le ministère public et la tierce opposition garantissent la pleine et entière protection de la société ou des non musulmans intéressés. La mesure que je viens d'indiquer devrait être prise à titre définitif. Jamais, en effet, le musulman ne saurait s'accomoder de la justice européenne, en ce qui concerne s n statut personnel.

2° Le forum islamique doit être réorganisé, ou pour mieux dire rétabli. Les rouages judiciaires musulmans, sont au nombre de trois : le juge (*cadi*), le jurisconsulte préteur (*mufti*), la cour des avis doctrinaux (*bab-ul-fetva*). Le juge examine les procès et apprécie les faits conformément à l'avis doctrinal que le préteur délivre aux parties. Le préteur. non seulement guide le juge par l'avis doctrinal qu'il émet avant le procès, mais il contrôle les jugements rendus et en signale les côtés vicieux. La cour des avis doctrinaux est composée de deux chambres: l'une délivre des avis doctrinaux aux ayant recours; l'autre, appelée « conseil des investigations juridiques », examine les sentences rendues : elle les casse ou les fait reviser, suivant qu'elle les trouve nulles ou seulement entachées de vice corrigible. Les gouvernements chrétiens, qui ont des sujets musulmans, doivent se préoccuper de réorganiser le forum islamique sur les bases que je viens de rappeler. Ils doivent maintenir cette organisation et veiller à ce qu'elle ne dégénère point. Il faut qu'il soit bien entendu que le statut personnel du musulman ne pourra en aucun temps être soustrait à la justice religieuse mahométane. C'est par cette première amélioration que la réforme doit commencer.

3° Le jugement des procès nés de transactions civiles ou commerciales devra pendant longtemps être également laissé aux tribunaux islamiques. Lorsque les parties, toutes musulmanes, sont d'accord pour s'adresser à leurs propres juges, le forum islamique devient pour elles, un tribunal arbitral. Cependant, si l'une des parties, quoique appartenant à la religion musulmane, préfère avoir recours à la justice officielle, celle-ci pourra valablement connaître de la cause. L'autre artie ne se plaindra point alors des exigences du gouvernement chrétien ; elle se plaindra de son adversaire musulman qui la traîne à la barre d'un tribunal non musulman. Ce régime formera un état transitoire de la justice : le principe d'un double forum permanent, sauf en ce qui concerne le statut personnel, ne saurait en effet être admis par aucun Etat civilisé, à cause des nombreux inconvénients qu'il fait naître. Je dirai dans un instant par quel moyen rationnel la combinaison transitoire que je viens de recommander pourra prendre fin.

4° La connaissance des procès criminels ne peut, pour aucun motif être soustraite à la justice officielle et gouvernementale. Les musulmans, qui seraient tentés de le trouver mauvais, n'ont qu'à ne pas commettre d'actes punissables.

5° Les procès d'ordre civil ou commercial devront, je viens de le dire, faire entièrement retour, après un laps de temps plus ou moins long, au forum de l'Etat. La justice, en effet, doit être une et la même pour tous. Pour réaliser cette réforme, il faudra d'abord, si je puis dire, *islamiser* le droit moderne et inviter ensuite les musulmans à s'y soumettre. Je viens de prononcer un mot nouveau, *islamiser*. Que signifie-t-il? Islamiser, Messieurs, veut dire rendre une disposition légale conforme à la vérité juridique de l'Islam, en démontrant d'une part qu'elle n'est pas contraire aux principes fondamentaux du droit mahométan, et, de l'autre, que son introduction dans le code est réclamée par les besoins du temps. « Les lois ne peuvent être modifiées que par les besoins des temps», a dit le Prophète. L'adaptation d'une loi, d'une institution, aux besoins de chaque époque, est donc permise, recommandée même ; elle doit cependant être effectuée conformément à la méthode islamique, aux règles et procédés admis et considérés comme orthodoxes. La méthode en question est l'une des parties de la science du droit musulman que je fais connaître dans mon livre. Islamiser signifie donc rendre islamiquement acceptable une loi, un règlement, une institution, par des procédés islamiquement corrects. Ces procédés et ces règles, la méthode dans son ensemble, sont également de révélation; ils font partie intégrante de la religion; ils sont tirés des sources sacrées de toute croyance islamique, c'est-à-dire *la parole de Dieu* et *la conduite de son élu*.

Ce que je viens de dire à propos de la justice s'applique exactement à toutes les autres branches de la science du gouvernement. Vos lois administratives, vos institutions, de quelque nature qu'elles soient, doivent être islamisées et comprises dans le cadre du code universel que vous formerez. Ce monument législatif sera respecté, ses dispositions seront observées par tout le corps social de l'Islam. Vous pouvez être sûrs que toutes les fractions de cette immense unité, n'importe la région qu'elles occupent sur le globe, accepteront avec reconnaissance votre bienfait, pourvu que vous le présentiez sous un aspect correct, évidemment islamique, incontestablement conforme aux vérités que le Prophète a reçues de Dieu et transmises à son peuple.

Il me reste, Messieurs, à examiner une question de la plus haute importance. De la solution qui lui sera donnée depend l'établissement harmonieux et définitif de toute société composée d'éléments religieux divers. Il s'agit de la question des droits politiques.

Il est évident que dans chaque pays les mêmes droits doivent être accordés à tous les habitants soumis aux mêmes charges. C'est un principe d'équité, de justice rigoureuse même. C'est grâce, du reste, à l'application de ce principe que l'homme, quelle que soit sa religion, s'attache à son pays et se reconnaît solidaire de ses concitoyens dans l'amour et la défense d'une patrie commune et également chère. Dans la pratique, l'extension à tous les habitants d'un pays des bienfaits découlant de ce principe ne saurait être restreinte que par des raisons d'Etat d'une importance exceptionnelle. De même que l'existence de pareilles raisons ne doit être admise qu'après l'examen le plus sérieux, le plus équitable, de même tout gouvernement qui est amené à les constater doit s'appliquer sans relâche à les faire disparaître par des moyens appropriés et efficaces. L'examen nécessaire à la constatation du mal et à l'action destinée à le faire cesser doivent s'effectuer avec la plus grande promptitude, avec la plus persévérante énergie. Il ne faut pas que la négation des droits politiques pèse longuement sur l'une des sociétés religieuses vivant dans le même pays. C'est la condition d'existence sociale la plus avilissante pour les individus, la plus dangereuse pour l'Etat. Elle remplit les cœurs de fiel et prédispose les hommes aux haines funestes, implacables.

L'effet le plus important de la jouissance des droits politiques est l'admissibilité de tout citoyen aux dignités et emplois publics, sa participation au gouvernement, à l'administration de la *res publica*. C'est la plus effective manifestation de l'égalité sociale. Cette manifestation ne saurait pourtant se produire, soit de la part d'un gouvernement musulman vis-à-vis de ses sujets chrétiens, soit de la part d'un gouvernement chrétien vis-à-vis de ses sujets musulmans, qu'après des épreuves sérieuses et concluantes.

Ces épreuves sont nécessaires pour constater la fidélité à l'Etat de ceux qui sont appelés à le servir. Je ne conseillerai jamais à un gouvernement de confier ses intérêts à des fonctionnaires dont la fidélité ne lui serait pas absolument démontrée. Il est manifeste toutefois, que si les musulmans n'admettent pas leurs compatriotes chrétiens, ou les chrétiens, les musulmans sujets du même Etat, à fournir la preuve de leur fidélité ; que si, cette preuve une fois fournie, les gouvernants ne remplissent pas leurs promesses ; que si enfin l'égalité politique reste lettre morte, si elle devient une locution pompeuse et dérisoire dans la bouche des gouvernants et de leurs journalistes, un pareil persiflage pourrait amener des conséquences plus graves qu'une négation pure et simple des droits politiques. Tout gouvernement sérieux doit s'en garder.

*
* *

En résumé, tout gouvernement chrétien doit laisser à ses sujets musulmans pleine et entière liberté religieuse. Cette liberté serait incomplète si elle ne s'étendait pas, en fait de justice, à toutes les questions relatives au statut personnel. Le tribunal islamique doit connaître de tout procès de cette nature. Les sentences ne doivent pas être portées par devant les cours d'appel de l'Etat chrétien : elles ne doivent être attaquables que par les voies de révision et de cassation, telles que l'Islamisme les établit. La porte du tribunal musulman doit être, aussi, grande ouverte, en matière civile et commerciale, à tout procès né entre musulmans. Le forum islamique sera dans ce cas, je l'ai dit, considéré comme un tribunal arbitral. Cette première réforme donnera immédiatement, et en très grande partie, satisfaction au sentiment islamique. Mais je me hâte de répéter que la situation qui en résultera ne doit être considérée, — le statut personnel excepté — que comme passagère. Enfin, tout gouvernement chrétien ayant des sujets musulmans est tenu, je ne saurais le redire assez, d'islamiser le droit moderne. La chose est plus que possible, elle est facile. Dans ce travail il faudra s'éclairer des lumières islamiques. Les savants (*ouléma*) sont rares. Il en existe cependant et on les trouvera quand on le voudra.

Le travail d'islamisation du droit moderne prendra de quatre à cinq ans, plus peut-être ; mais le gouvernement chrétien, qui l'aura entrepris et mené à bonne fin, aura la certitude, non seulement d'être adoré de ses sujets musulmans, mais aussi de devenir le maître de l'avenir intellectuel et moral de l'Islam. Il sera le bienfaiteur du monde mahométan.

L'islamisation de toutes les branches du droit moderne une fois réalisée, toute cause de désaccord disparaîtra, de sorte que l'admission du musulman au gouvernement de son pays, et même de l'Etat auquel ce pays est rattaché, deviendra possible. En attendant, il faut lui accorder le bénéfice de la situation provisoire que j'ai recommandée, et tous les autres avantages civils ou politiques y afférents. Il faut l'admettre dès à présent, sans réserve ni arrière-pensée, à prouver par sa conduite sa fidélité à l'Etat dont il est le sujet.

Une dernière recommandation, Messieurs. Etudiez à fond le droit musulman. Enseignez-le dans votre pays ; enseignez-le sérieusement et faites-le enseigner dans vos colonies. Choisissez pour cela des hommes spéciaux, compétents, de véritables savants. Les connaissances superficielles ou incomplètes sont funestes dans l'enseignement de toutes les branches du savoir humain, mais surtout dans l'enseignement des sciences qui ont une application immédiate à l'organisation de la la société et au règlement des intérêts de ses membres. Qu'on ne se fasse point d'illusion là-dessus. Si on ne connaît point à fond le droit de Mahomet, on ne gouvernera les musulmans que par la force.

Une observation importante trouvera ici sa place. N'accueillez les récits qu'on débite sur la doctrine juridique et sur les faits judiciaires de l'Islam qu'avec une extrême réserve ; faites-les toujours contrôler par vos meilleurs légistes. Il est à regretter que les jurisconsultes français ne se soient pas occupés davantage de la loi musulmane. Mais un juriste instruit, tout étranger qu'il y demeure, peut toujours se rendre compte des invraisemblances et des absurdités juridiques dont certaines publications sont tissues ; tandis que l'homme de lettres, quelque distingué qu'il soit, risque d'en être dupe. Nulle législation, et la législation islamique moins que toute autre, ne prête à l'idylle. Mettez-vous donc en garde contre certains romans judiciaires et ne permettez jamais au lyrisme de creuser un abîme entre vous et les musulmans sujets de la France. La science du droit musulman n'est, je l'ai prouvé dans mon livre, ni étroite, ni absurde ; elle s'inspire de principes philosophiques, élevés et humains.

La science moderne doit aux peuples latins, à la France en particulier, d'avoir été perfectionnée et répandue. Vous êtes, Messieurs, les Athéniens des temps modernes; votre caractère est généreux, cosmopolite; vous avez l'esprit facile et vulgarisateur des anciens Grecs. Vous êtes les maîtres sympathiques de l'humanité contemporaine. Je le dis, parceque j'en suis convaincu. Faites que quelques-uns de vos savants s'occupent tout spécialement de la science musulmane, du droit mahométan. Je vous le demande, parce que je souhaite que dans un avenir prochain la France se trouve à la tête du progrès scientifique musulman.

Oui, je veux, je souhaite du moins, que ce soit la France qui réconcilie la science révélée de l'Islam avec la science positive et expérimentale de l'Occident. Les conséquences politiques d'un pareil triomphe seraient incalculables. Je montre dans mon livre que le progrès est inscrit dans la loi de Mahomet. Je m'estimerais heureux, si mes paroles décidaient la France à contribuer à l'amélioration intellectuelle et morale des deux cents millions d'hommes qui forment le corps social musulman, en agissant sur eux au nom de leur propre droit. Les Etats et les peuples islamiques lui seraient reconnaissants à jamais d'avoir constaté, la première, que la doctrine de leur Prophète n'est ni exclusive, ni rétrograde, et d'avoir fait connaître au monde cette vérité.

La France, Messieurs, je suis fier de le dire, car je suis français par l'éducation, par le cœur et par la pensée, marche à la tête de l'humanité dans la voie de l'avenir. Elle porte haut le bel étendard tricolore, sur lequel je vois écrits en lettres lumineuses les deux mots : *Science* et *Droit*. La science dissipe les ténèbres de l'ignorance, cette mère du fanatisme, de l'intolérance et de la haine. La science est donc mère de la *fraternité* des hommes. Le droit précise et détermine le cercle d'action de chacun et de tous : il fait naître l'*égalité* et la *liberté*.

Votre belle et glorieuse France marchera toujours à la tête des nations. Le Très-Haut ne cessera jamais de la couvrir de son égide protectrice. Elle avance la première dans la voie qu'il a tracée à l'humanité. Elle y avance par le droit, elle lutte pour le droit. Dieu est pour le droit. Il est le droit même.

PARIS. — IMPRIMERIE ALCAN-LÉVY, 24, RUE CHAUCHAT.

LA FRANCE EN AFRIQUE

ET LE TRANSSAHARIEN

PAR

M. le Général PHILEBERT

ET

M. G. ROLLAND, ingénieur au Corps des Mines

L'INTÉRIEUR AFRICAIN — CE QUE PEUT ÊTRE ENCORE L'AFRIQUE FRANÇAISE
PÉNÉTRATION PAR L'ALGÉRIE
QUESTION TOUAREG — CHEMIN DE FER TRANSSAHARIEN

Brochure in-8°, avec carte, Challamel, éditeur, 1890 . . . . 2 francs.

LE TRANSSAHARIEN

UN AN APRÈS

PAR

Georges ROLLAND, Ingénieur au Corps des Mines

LETTRES ET ARTICLES PUBLIÉS DEPUIS UN AN PAR G. ROLLAND ET A. FOCK
APRÈS LA CONVENTION FRANCO-ANGLAISE — LES TRACÉS DU TRANSSAHARIEN
TRAFIC ET TARIFS DU CENTRAL-TRANSSAHARIEN

*Réponses à MM. Gerhard Rohlfs, Duponchel, De Vogüé, X... d'Oran, Beau de Rochas
Deporter, Broussais, etc.*

LETTRES DE MM. LE COLONEL DE POLIGNAC. LE CAPITAINE BINGER, ÉDOUARD BLANC,
LE CAPITAINE BROSSELARD-FAIDHERBE, ETC.

Brochure in-8°, avec carte, Challamel, éditeur, 1891. . . . . . . 2 fr. 50

ALGÉRIE, SAHARA, TCHAD

RÉPONSE A M. CAMILLE SABATIER

par A. FOCK, ingénieur civil

AVEC

une Introduction de Georges ROLLAND

Brochure in-8°, avec carte, Challamel, éditeur, 1891. . . . . . . 2 francs.

Paris. — Imp. Alcan-Lévy, 24, rue Chauchat,